Tòimhseachain-tharsainn
Scottish Gaelic Crosswords

Eadar-theangachadh
Beurla gu Gàidhlig

Pàirt 4

© Ann Desseyn - Cooper
Na h-Eileanan Siar
Alba

www.gaeliccourses.com

Fàilte Oirbh!

All rights reserved. This book or any portion thereof may not be reproduced or used in any manner whatsoever without the express written permission of the publisher.

ISBN 978-0-244-83906-2

First Printing: 2019

Eacarsaich 1

Tha mi gad ionndrainn.
I miss you.

Tarsainn

1	schools	11	shortly, soon
3	off	15	rising
6	service	16	causeways
8	group	20	fortnight

Sìos

2	artwork	12	poor, piteous
4	rocking, wobbling	13	toilet
5	link	14	memory
6	safe	16	sandwiches
7	other form of thu	17	beautiful
9	charity	18	thing
10	missing	19	way, manner

Faclan

a dh'aithghearr	taigh beag	ag èirigh
tu	seirbheis	dòigh
buidheann	rud	sàbhailte
sgoiltean	bòidheach	truagh
cabhsairean	ceangal	ag ionndrainn
carthannachd	ceala deug	cuimhne
ceapairean	turraban	obair ealain
dheth		

Eacarsaich 2

Bidh na bùthan fosgailte.
The shops will be open.

Tarsainn

4	priest	18	culture
5	sea	19	end
9	five people	20	stuff, material
10	ear	21	church
14	museum	22	climate
16	island		

Sìos

1	side	11	hearing
2	postcard	12	open
3	people	13	display
6	returning	15	a little bit
7	parliament	17	keeping
8	doctor		

Faclan

cluas	eilean	caran
cairt-phuist	cultar	muinntir
còignear	muir	sagairt
a' tilleadh	deireadh	taobh
stuthan	taisbeanadh	Pàrlamaid
claisneachd	a' cumail	eaglais
taigh-tasgaidh	gnàth-shìde	fosgailte
dotair		

Eacarsaich 3

Thoir spèis dha.
Respect it.

Tarsainn

4	spread	12	a thought
6	barefoot	14	snow sports
8	annual	17	October
10	high	19	the council
11	sustainability	21	resources

Sìos

1	winter	13	January
2	represent	14	respect
3	troubles	15	trade
5	fares	16	meeting
7	message	18	protection
9	price	20	harbour

Faclan

a' riochdachadh	cala	spòrs-sneachda
smuain	àrd	geamhradh
ro-sheasmhachd	goireasan	An Dàmhair
a' chomhairle	am Faoilleach	teachdaireachd
trioblaidean	cas-rùisgte	spèis
malairt	bliadhnail	faraidhean
sgaoilte	prìs	dìon
coinneamh		

Eacarsaich 4

Mu dheireadh thall!
Finally!

Tarsainn

3	last night	14	the buildings
4	now	17	important
7	paying	18	last
10	explanation	19	land, ground
12	two people	20	already
13	Lords of the Isles		

Sìos

1	tickets	10	before
2	smaller	11	distilleries
5	quiet	15	waking up
6	I would be	16	crooked, twisted
8	engineering	18	month
9	trains		

Faclan

a-raoir	mus	camagach
ticeadan	mìneachadh	na togalaichean
fearann	mìos	einnseinnearachd
sàmhach	trèanaichean	dithis
a' dùsgadh	a' pàigheadh	cudromach
nas lugha	bhithinn	mu dheireadh
an-dràsta	taighean staile	mu thràth
Tighearnas nan Eilean		

Eacarsaich 5

Chan eil leisgeulan ann.
There are no excuses.

Tarsainn

4	agreement	14	chairs
5	too	17	look!
6	wallet, purse	19	coming up
7	college	20	sorry
9	church mouse	21	working

Sìos

1	bitch	12	drinking
2	Port Charlotte	13	standing up
3	end	15	hearing
8	the Vikings	16	worse
10	signs	18	excuse
11	Kennacraig	22	table

Faclan

duilich	na Lochlannaich	ag obair
colaiste	Port Sgioba	nas miosa
galla	sa tighinn	leisgeul
aonta	a' seasamh	ro
bòrd	a' cluinntinn	seall
sporan	soidhnichean	sèathraichean
ag òl	crìoch	Ceann na Creige
luch-eaglais		

Eacarsaich 6

'S e briseadh-dùil a th' ann.
It's a disappointment.

Tarsainn

2	telling	17	whisky
5	falling	18	Islay
8	comfortable	19	a walk
12	yet, still	20	noise
13	historical	21	breaking
16	without	22	something

Sìos

1	will return	9	harbour
3	lamp	10	roads
4	Norway	11	bedroom
6	doing, making	14	bags
7	didn't get	15	as well

Faclan

eachdraidheil	tillidh	uisge beatha
cofhurtail	Ìle	rathaidean
cha d'fhuair	cuairt	Nirribhidh
cuideachd	fuaim	bagaichean
rudeigin	a' briseadh	a' tuiteam
fhathast	a' dèanamh	port aiseig
seòmar-cadail	ag innse	lampa
gun		

Eacarsaich 7

Bidh mi a' toirt tadhal orra.
I'll visit them.

Tarsainn

3	excellent sleep	15	forward
6	lighthouses	17	century
9	left	18	believing
10	lost	19	poor
11	before us	21	beach
13	money	22	especially
14	pretty, nice		

Sìos

1	somewhere	8	past, last
2	feeling	12	a visit
4	buying	16	the way, path
5	door	20	way, manner
7	the accommodation		

Faclan

linn	airgead	air chall
clì	a' creidsinn	a' ceannach
air adhart	dòigh	gu h-àraidh
àiteigin	brèagha	taighean-solais
doras	sa chaidh	an t-slighe
an t-àite-fuirich	sàr-chadal	tadhal
romhainn	bochd	tràigh
a' faireachdainn		

Eacarsaich 8

'S e sgeulachd dòrainneach a th' ann.
It's a boring story.

Tarsainn

2	saying	16	excellent
4	school	18	keen
6	boring	19	living, staying
7	early	20	friendly
8	basket	21	wars
11	earlier	22	story
13	crofters		

Sìos

1	stopping	12	creature
3	afterwards	14	amongst
5	sundial	15	didn't see
9	station	17	moon
10	errors		

Faclan

chan fhaca	dòrainneach	às dèidh	sgoil
a-measg	stèisean	creutair	ag ràdh
sàr	a' stad	tràth	mearachdan
càirdeal	deònach	cogaidhean	croitearan
sgeulachd	a' fantail	basgaid	gealach
uaireadair-grèine		na bu tràithe	

Eacarsaich 9

Thàinig iad anseo.
They came here.

Tarsainn

2	certificate	14	communities
6	clumsy	16	fireman
8	a lot	18	moaning
9	arming	20	lovely
10	deplorable	22	we would need
12	will start		

Sìos

1	silly	13	flies
3	history	15	walking
4	materials	17	came
5	proud	19	rotten
7	boats	21	cemetery
11	American		

Faclan

armachadh	gòrach	cliobach
teisteanas	fear-smàlaidh	stuthan
dh'fheumamaid	moiteil	a' coiseachd
cuileagan	cladh	grod
a' cànranaich	bàtaichean	tòisichidh
thàinig	tòrr	muladach
Aimeireaganach	àlainn	eachdraidh
coimhearsnachdan		

Eacarsaich 10

'S lugha orm iasg.
I hate fish.

Tarsainn

3	roof	14	didn't say
6	selling	15	alcohol
7	understanding	19	rolls
9	surprise	21	window
13	a second	22	archeology

Sìos

1	hate	11	soon
2	boots	12	example
4	tourists	16	lost
5	quizes	17	a cook
8	prayers	18	active
10	soldiers	20	famous

Faclan

easgaidh	diog	bòtainnean
tuigseach	a dh'aithghearr	cha tuirt
chàill	ùrnaighean	farpaisean
uinneag	àrc-eòlas	deoch làidir
eisimplir	luchd-turais	ainmeil
saighdearan	còcaire	annas
gràin	a' reic	rolaichean
mullach		

Eacarsaich 11

Chluich sinn ball-coise an-dè.
We played football yesterday.

Tarsainn

3	moving	17	notorious thief
5	lazy	20	bacon
6	later	21	news
8	Portree	22	talkative
12	library		

Sìos

1	football	13	planes
2	canon	14	flowers
4	information	15	airport
7	pirate	16	walked
9	next year	18	funny
10	didn't give	19	hurry
11	showers		

Faclan

a' gluasad	èibhinn	dearg-mhèirleach
gunna-mòr	ball-coise	beucon
leabharlann	naidheachdan	cha tug
choisich	nas anmoiche	Port Rìgh
cabhag	an ath-bhliadhna	fiosrachadh
flùraichean	plèanaichean	leisg
cabach	port-adhair	frasan
spùinneadair-mara		

Eacarsaich 12

Bha smùid orra!
They were drunk!

Tarsainn

5	plants	15	sailing
6	north-west	17	ready
8	died	18	across
10	pitiful	20	allowed
11	interest	21	root
13	steam	22	mud

Sìos

1	grass	9	thinking
2	north-east	12	best
3	loss	14	quiet
4	happening	16	around
7	in the distance	19	Jura

Faclan

chaochail	Diùra	a' smaoineachadh
freumh	deiseil	call
smùid	truagh	ear-thuath
air astar	ùidh	dìcheal
tarsaing	a' tachairt	iar-thuath
socair	feur	poll
timcheall	lusan	a' seòladh
ceadaichte		

Eacarsaich 13

'S toil leam ceòl tradaiseanta.
I like traditional music.

Tarsainn

1	pain	15	hostage
5	voice	18	hate
9	baby	19	cloudy
13	traditional	20	won't go
14	attention	21	education

Sìos

2	running	10	swimming
3	safe	11	only
4	Spanish language	12	abundance
6	traveling	15	English language
7	grandmother	16	pig
8	temperature	17	building

Faclan

a' ruith	gràin	guth	teothachd
pian	a-mhàin	a' snàmh	a' siubhal
sàbhailte	pailteas	aire	Beurla
Spàinntis	cha tèid	seanmhair	leanabh
muc	foghlam	sgòthach	bràigh
tradaiseanta	a' togail		

Eacarsaich 14

Am faca tu do charaid?
Did you see your friend?

Tarsainn

1	though	18	using
4	dry	19	the swimming pool
8	rugby	20	most
9	kiss	21	strength
11	bridge	22	lazy
14	breath, respite	23	the rod
15	door		

Sìos

2	Dutch (off. lang.)	10	the wind
3	van	12	obstacle
5	fight	13	the mountains
6	we would get	16	the hurry
7	changing	17	Dutch (reg. dialect)

Faclan

an t-slat	a' mhòr-chuid	rugbaidh
sabaid	an t-amar-snàimh	tacaid
drochaid	neart	doras
a' chabhag	ag atharrachadh	Olandais
bhana	a' cleadhadh	pòg
Duitsis	faigheamaid	na beanntan
a' ghaoth	ged	leisg
tioram	anail	

Na Freagairtean

The Answers

Eacarsaich 1

Eacarsaich 2

Eacarsaich 3

Eacarsaich 4

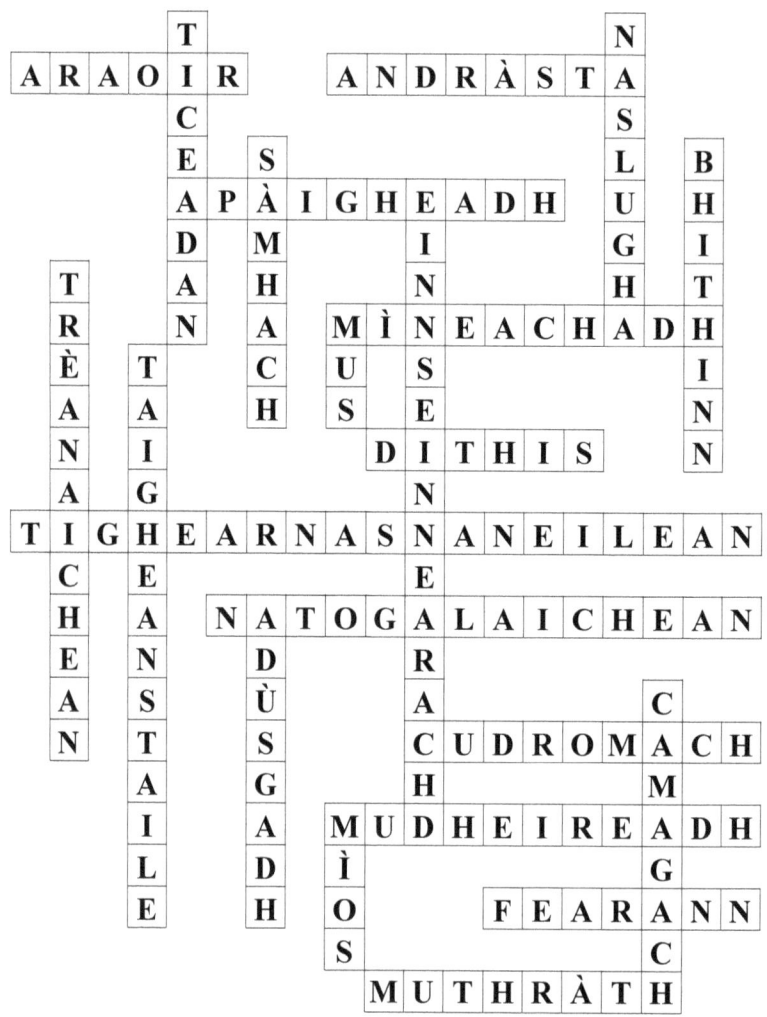

Eacarsaich 5

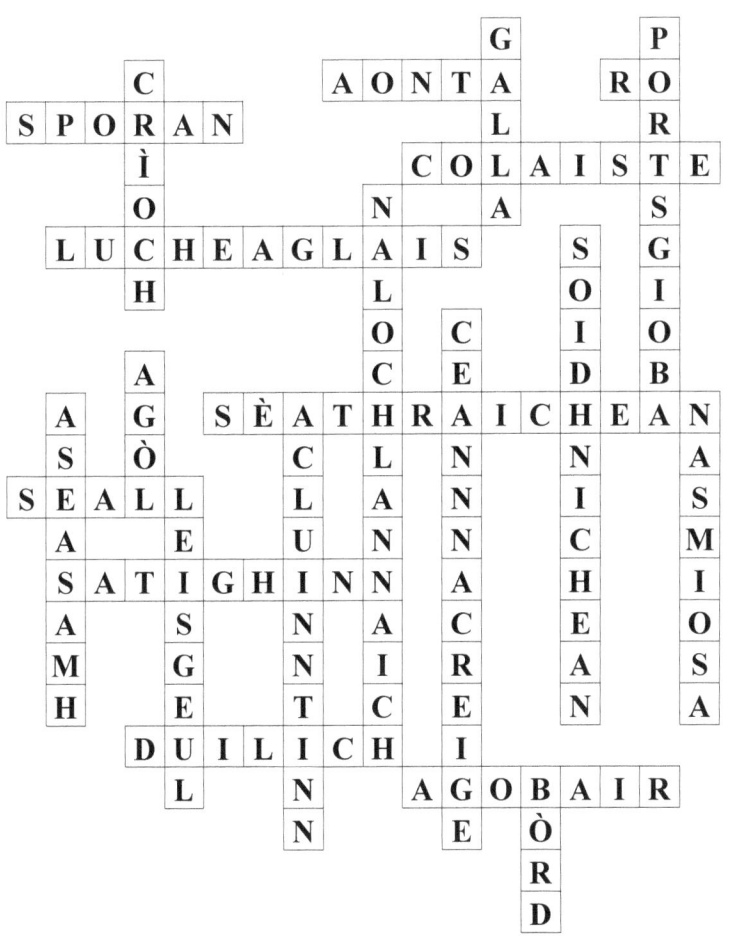

Eacarsaich 6

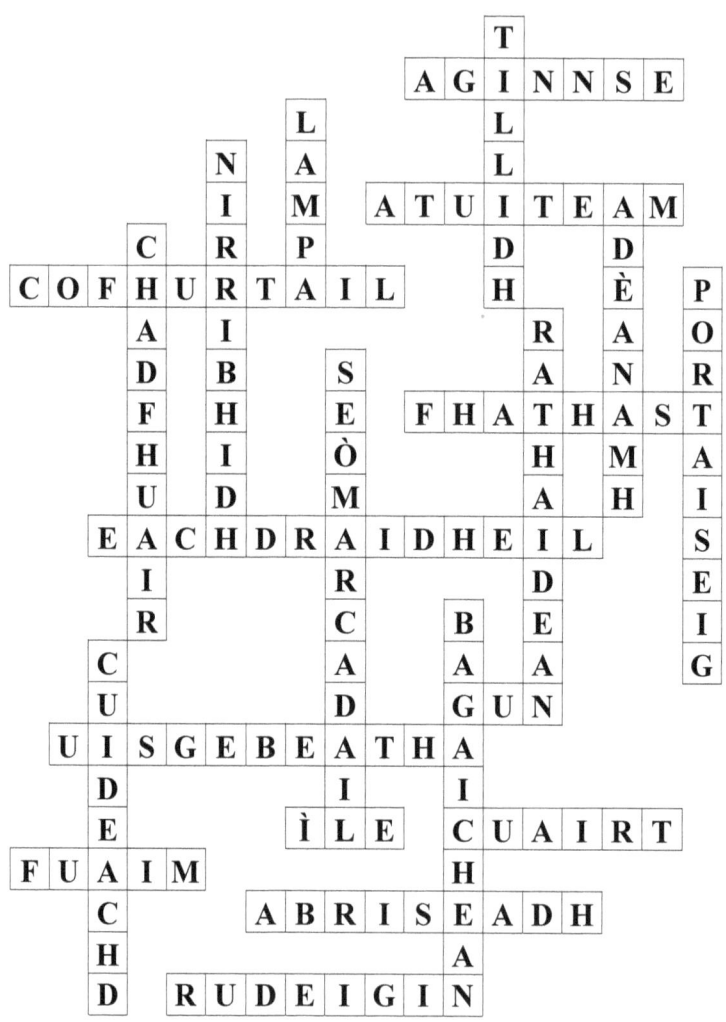

Eacarsaich 7

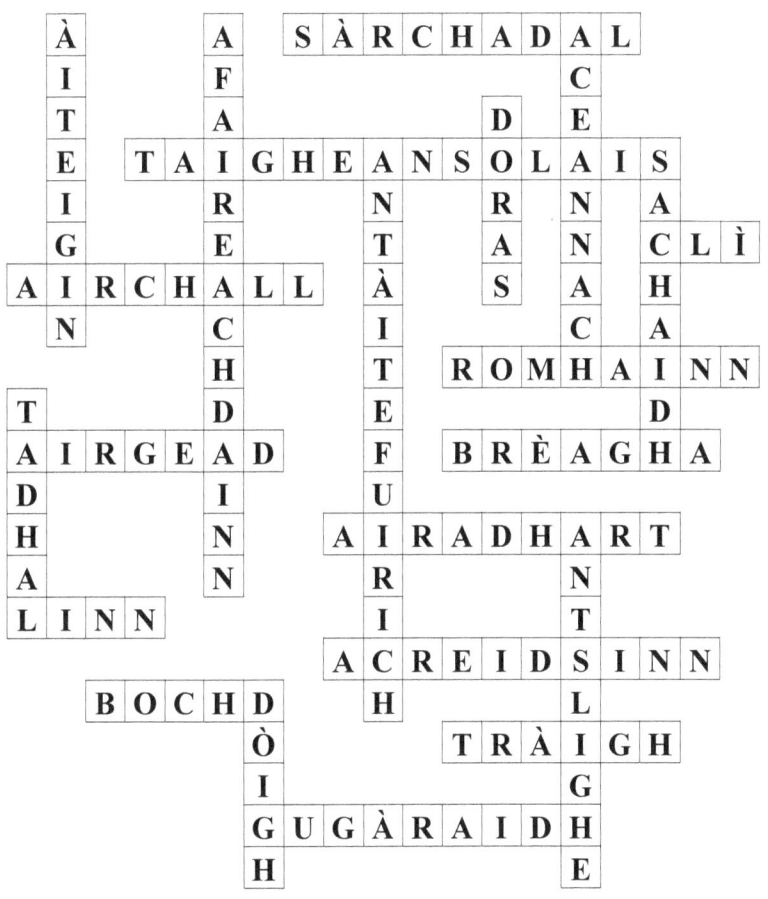

Eacarsaich 8

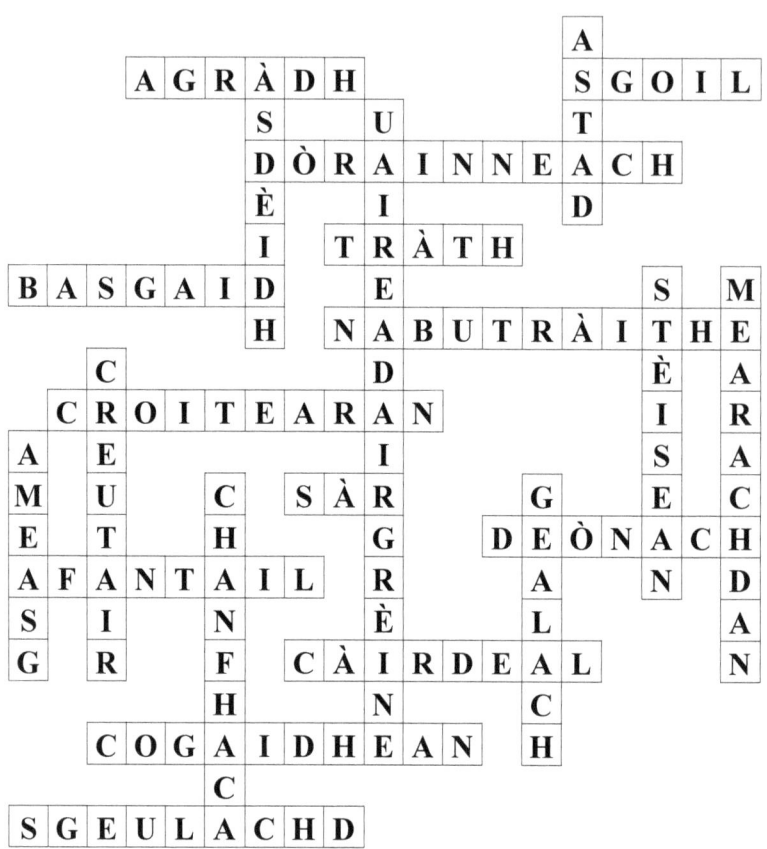

Eacarsaich 9

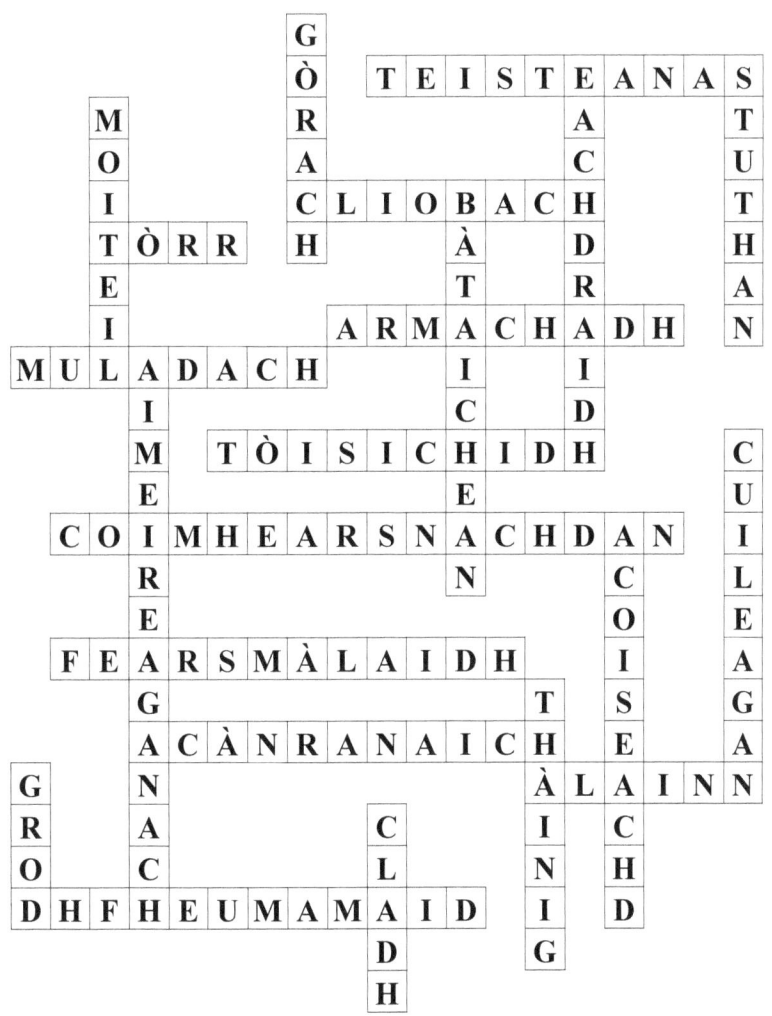

Eacarsaich 10

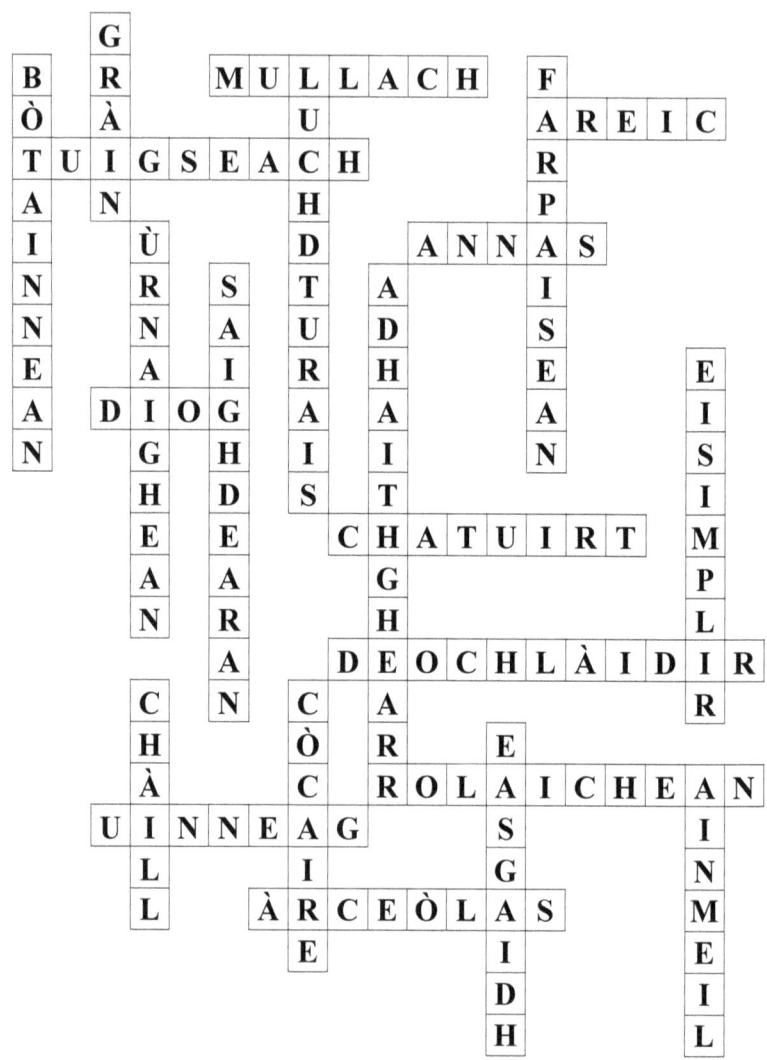

Eacarsaich 11

Eacarsaich 12

Eacarsaich 13

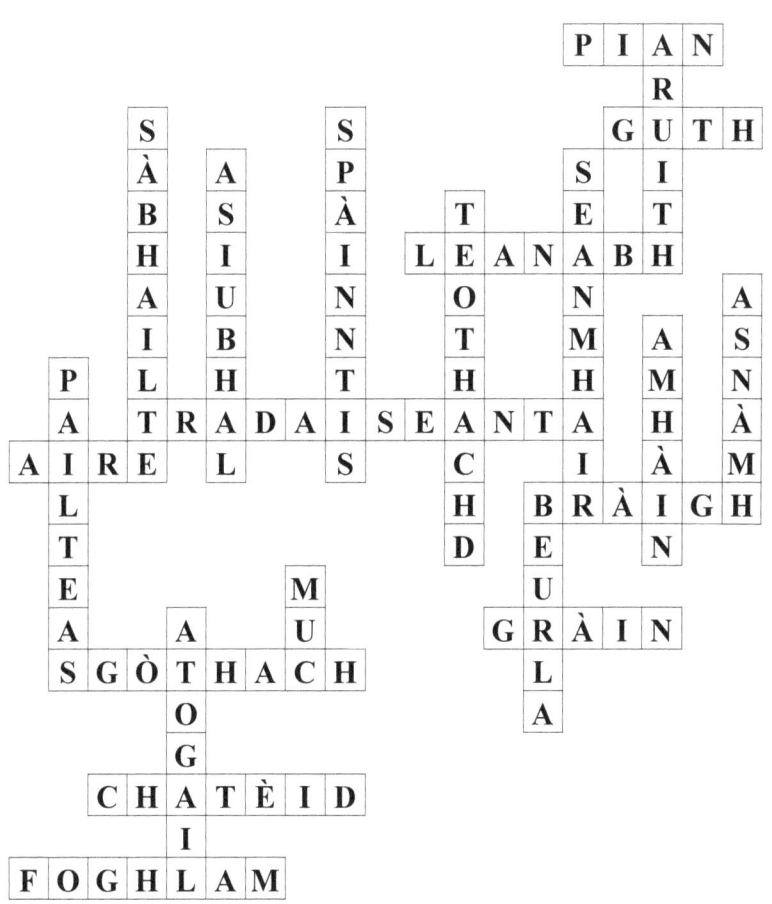

Eacarsaich 14

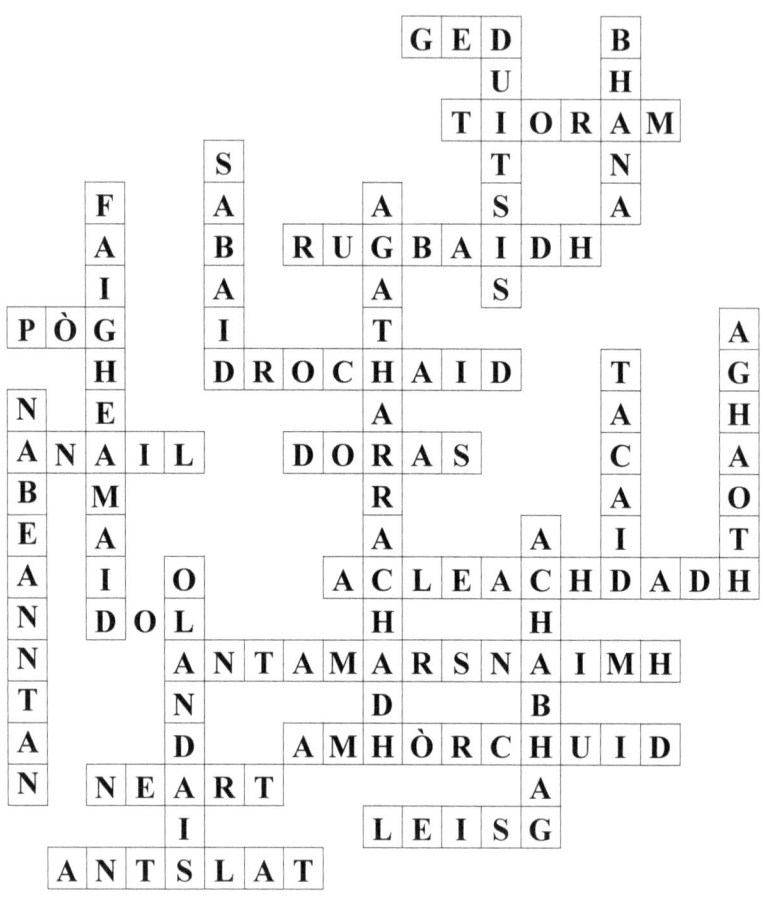

Lightning Source UK Ltd.
Milton Keynes UK
UKHW021825020922
408223UK00011B/929